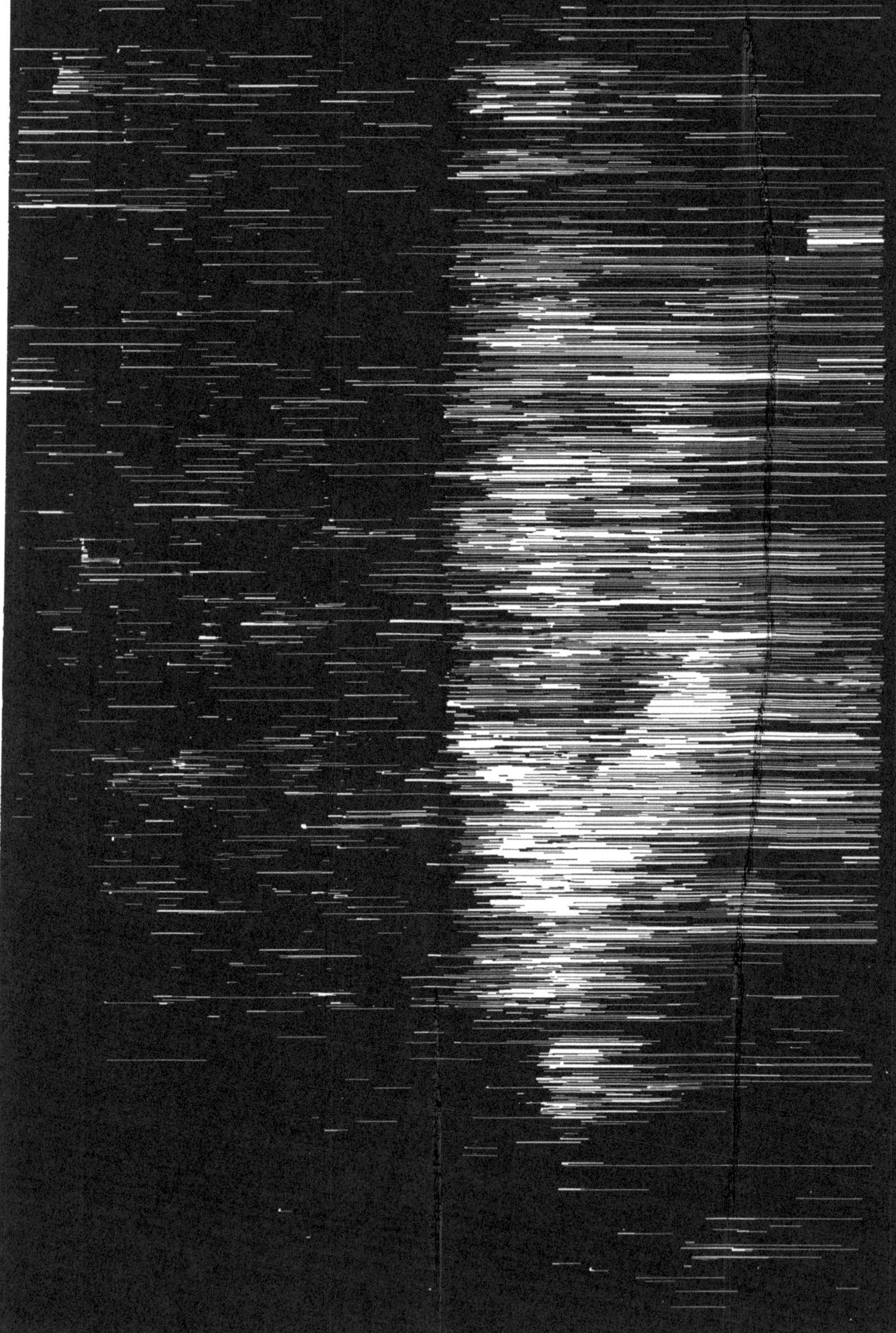

# LA MÈRE

# DU TUEUR DE LIONS

Paris. — Imprimerie de GUSSET et C<sup>e</sup>, rue Racine 26.

# LA MÈRE

DU

# TUEUR DE LIONS

PAR

## A. ROUSSE

Beau-frère du Tueur de lions
Membre de plusieurs Instituts et de plusieurs Académies des sciences
Auteur de l'*Histoire de Fréjus*

S'ADRESSER A L'AUTEUR

A LORGUES (VAR)

—

**1869**

Droits de reproduction et de traduction réservés.

# PRÉFACE

---

L'une des plus douces obligations de ma vie
est celle que je m'impose aujourd'hui. Quand le
monde cynégétique retentit encore du nom de
Jules Gérard et que des regrets éternels répon-
dent à cette fin prématurée, il est permis à l'un
des membres de sa famille de prendre la plume et
de faire connaître la vie non moins aventureuse
de celle qui porta dans son sein celui qui *peupla*
le monde *de son nom*. Je dois tout cela à l'âge
avancé, à l'énergie et au cœur droit de l'aïeule
de mes enfants, dans les limites de mon savoir
et dans les réserves de mon impartialité. Le bla-
son d'une famille n'est riche de gueules que
lorsqu'il s'est établi sur les vicissitudes et les
douleurs! C'est là une véritable noblesse que
madame Gérard, ma belle-mère, a acquise dans
toute sa splendeur. Le dernier coup vient de lui

être porté par la nouvelle de la mort de son fils
bien-aimé, quoiqu'elle aimât indistinctement tous
ses enfants. Vie orageuse! affreuse parfois! à travers les déceptions et les incertitudes; un courage
inébranlable! au milieu des mers, à travers les
montagnes, les neiges et les soleils brûlants de la
Numidie, poursuivant les traces de ses petits enfants et celles de son fils; altière devant les dangers, voilà ce qui va se trouver placé sous vos yeux,
comme un vaste panorama, dont je connais les
moindres détails. Cela dit, j'entre en matière, et
je trace la vie de la mère du Tueur de lions.

A. ROUSSE.

# LA MÈRE

DU

# TUEUR DE LIONS

---

### PREMIÈRE PÉRIODE

Madame Gérard naquit à Collobrières (Var), à deux lieues de Pignans, au milieu des montagnes de Bruyères, ainsi que le dit le nom du pays. M. Coulomb, son père, était notaire et opulent. Il était adoré de ses concitoyens. Il laissa trois enfants, dont deux demoiselles et un garçon qui fut président du tribunal civil de Draguignan (Var); tous avaient reçu une parfaite éducation. L'une des filles de M. Coulomb resta demoiselle. Ce fut une sainte créature que Dieu ne tarda pas à appeler à lui, comme si elle devait être au ciel le siége de nos invocations (elle s'appelait Joséphine). M<sup>lle</sup> Julie Coulomb était déjà devenue madame Gérard ; elle avait épousé M. Calixte Gérard, propriétaire et juge de paix (1) à Pignans. Les premières années de son mariage furent pleines de charmes

---

(1) D'après mon contrat de mariage.

et d'illusions. Ses affections conjugales s'étaient ac-
crues de l'amour maternel, son sein donnait avec
abondance du lait à ses enfants; entourée de serviteurs,
elle ne confiait à aucun d'eux le soin de les bercer. Son
regard constamment plein d'une douce inquiétude ne
cessait de se mirer dans la couche qui renfermait celui
ou celle dont elle attendait le réveil et le sourire. Vie
de Cornélie, vie d'amour et de constante sollicitude!
Elle était heureuse quand les paysannes de son village
venaient admirer les belles créatures dont elle était la
mère. Mais que de douleurs! que de larmes lui étaient
réservées, en compensation de cette fugitive félicité!
Les enfants grandissaient et les soucis de la mère
grandissaient aussi aux aspirations de ces natures pré-
coces. De plus, M. Gérard appelé à Rome pour hériter
d'une galerie de tableaux appartenant à son frère,
peintre fort distingué de l'époque, fut obligé d'aban-
donner pour quelque temps sa femme aux caprices de
ses enfants, aux exigences de ses fermiers, à l'indéli-
catesse de son chargé d'affaires, et surtout à la médi-
sance des commères, qui abondent dans nos villages.
En l'occurrence madame Gérard conserva une attitude
pleine de dignité, et subrogée par le cœur à l'éducation de ses enfants, elle n'entra guère dans les détails
du dehors et les affaires de son mari s'en furent à la
dérive. M. Gérard, à son retour, ne tarda pas à décou-
vrir l'infidélité de ceux à qui il avait donné toute sa
confiance. Le chagrin qu'il en éprouva détermina un
anévrisme au cœur et le tua. Voilà une veuve avec
quatre enfants, des embarras de succession et expo-
sée à l'avidité des gens qui exploitent les douloureuses
péripéties. L'aîné et le cadet s'élevaient à grands frais

et prenaient déjà des allures princières. L'aînée des demoiselles avait fait son choix et songeait à se marier ;
la cadette ne quittait pas les bras de sa mère pour es-
suyer ses larmes. Ma femme était toute jeune et ne con-
naissait que les friandises et les jeux. Dans ces alterna-
tives, les tribunaux procédaient à l'arrangement des
affaires de famille et fixaient la portion de chaque pu-
pille.

Madame Gérard n'avait pas encore vidé la coupe
d'amertume : sa plus jeune fille tomba malade, et pendant qu'elle veillait auprès de son lit, par une de ces
soirées d'hiver que refroidit la bise, sa belle Célima,
celle qui séchait ses pleurs, sortit pour traire la chèvre
et apporter du lait à sa petite sœur. Le froid la saisit,
et huit jours après elle mourait d'une fluxion de poi-
trine dans les bras de sa mère désolée !

Gérard l'aîné était parti pour Alger ; Jules Gérard
était sur le point d'en finir avec sa vie d'aventures
pour en recommencer une autre plus aventureuse encore. Cependant madame Gérard ne se laissait pas
abattre. Quand son fils aîné revint d'Alger, où il s'était
ruiné par de fausses spéculations, elle mit à sa disposition tout ce qu'il lui fallait pour se rendre dans la
Turquie d'Asie. Elle en fit autant pour le cadet, qui venait de prendre son engagement pour un régiment de
spahis à Constantine. Toute seule, elle afferma ses biens
et se rendit à Brignolles pour surveiller l'éducation de la
seule enfant qui lui restait. Elle l'y tint jusqu'à quatorze
ans et demi. J'étais à l'époque brigadier au 2e régiment
des hussards. La mort de mon père réclama promptc-
ment ma présence au sein de ma famille, et l'inexpé-
rience de mes jeunes sœurs dans les affaires, détermina

mon remplacement. Mon village était distant de Pignans d'une lieue ; j'allais y promener souvent à cheval et je ne tardai pas à avoir une entrevue avec madame Gérard au sujet de sa demoiselle. Madame Gérard causait bien, elle avait des manières aisées, et peu de temps après elle était ma belle-mère. Bien des places furent vides au repas de noces.

C'est ici que va commencer la seconde période de la vie de madame Gérard.

***

## DEUXIÈME PÉRIODE

Trois jours après mon mariage, qui eut lieu à Pignans, il fallut regagner la demeure paternelle, où m'attendaient mes trois sœurs, dont deux consanguines, et une marâtre méchante femme s'il en fut jamais. Ma jeune femme y fut accueillie avec froideur, non pas par mon excellente sœur, qui s'était réservé le bonheur de lui ajuster le voile nuptial et la couronne d'aubépine. Elle nous avait devancés et nous reçut la première.

Madame Gérard ne pouvait guère s'accommoder de l'isolement dans lequel nous l'avions laissée, et le lendemain de notre arrivée à Gonfaron, franchissant la distance à pied, elle vint nous rejoindre, emportant avec elle une somme assez ronde, comme si elle eût craint de nous être à charge. La veuve à mon père ne tarda pas à évacuer les lieux pour se rendre à la Vallete, où elle est encore avec sa fille. L'intérieur de la maison paternelle se composait donc de madame Gérard, de ma

femme et de mes deux autres sœurs. Sa sollicitude s'é-
tendait indistinctement sur ce petit monde. Ses douces
remontrances intervenaient dans les petits bouderies,
qui sont les conséquences inévitables des mariages pré-
maturés.

Mes sœurs la regardaient comme leur mère et avaient
pour elle une affection sans limite. Aussi versa-t-elle
d'abondantes larmes quand ma bonne sœur mourut;
elle s'appelait comme la sienne. Un an s'écoula au milieu des épanchements et des roses; mais au bout de ce
terme, ma rancuneuse marâtre provoqua la vente des
biens de famille, et nous eûmes la douleur de voir donner pour quarante-cinq mille francs ce qui représente
aujourd'hui un capital de six cent mille francs. Ma belle-
mère devinant les effets d'un si triste dénoûment, m'engagea à aller habiter Collobrières, son pays natal, et
dans la maison du président Coulomb, qui l'y avait au-
torisée, pour nous faire jouir quelque temps encore
d'une vie paisible. L'une de mes sœurs fut réclamée par
la sœur à mon père et l'autre par son aïeul. Nous nous
acheminâmes donc vers ce pays de montagnes et de
bois, où Jules Gérard avait fait ses premières armes.
Nous y fûmes parfaitement accueillis et les habitants,
durant notre séjour, nous firent les objets des lois
franches et cordiales de l'hospitalité. Rien ne manquait
à nos besoins; il y avait chez nous quelque chose de
plus que le *res angusta domi*, grâce à notre pourvoyeuse,
qui ne voulait pas qu'on attendît. (Je fais ici allusion
aux lenteurs qu'entraînent les arrangements de famille.)

Notre front devenait-il rêveur, madame Gérard n'é-
coutant que son cœur de mère, partait à pied, ou par

un temps de neige, ou par des chaleurs tropicales, traversait les profondes vallées, gravissait nos plus hautes montagnes, arpentait la plaine et se rendait au Puget, près Cuers, où elle avait un bailleur de fonds qui lui remettait la somme qu'elle demandait. Elle revenait le même jour, ce qui faisait un trajet de huit lieues. Elle était heureuse de remettre entre nos mains quelques cents francs pour nous faire patienter jusqu'à des temps meilleurs.

Mais pourquoi, me dira-t-on, laissiez-vous aller à pied cette pauvre femme? vous n'aviez donc pas de montures dans le pays? assurément si! Mais il faut vous dire que madame Gérard, suivant son habitude, partait clandestinement de bon matin, et nous n'étions préve- -nus de son départ que lorsque les montagnes s'étaient déjà abaissées sous ses pas. Elle prenait pour prétexte que faisant la route à pied, ses réflexions avaient plus d'ensemble et que ces courses lui faisaient du bien.

Après un assez long séjour à Collobrières, on m'appela à Cuers pour former quelques jeunes gens aux études commerciales et professer le dessin. Madame Gérard nous y suivit ; elle y était bien connue, puisque l'aînée de ses filles y était mariée et que ses fils y avaient fait un long séjour. Nous n'arrivions donc pas dans un pays étranger.

Je devins père, ma belle-mère fut dans la jubilation ; son rôle changeait, ou mieux encore, il devenait complexe ; son titre de marraine s'associant à celui d'aïeule, sembla lui imposer une affection de privilége. Les enfants de madame Lesueur, son autre fille, furent effacés momentanément et quand on lui en adressait le moindre reproche, elle répondait que les autres étaient grands et que celle-ci avait besoin de grandir. Dès ce moment plus de repos, ni nuit ni jour. Le berceau n'était qu'un meuble inutile, car l'enfant dormait constamment dans ses bras, et cela dura pendant deux ans. Nous avions beaucoup de peine à l'en dessaisir quelques instants pour nous délecter de ses caresses ; elle avait toujours peur qu'on ne fanât ce joli bouton de rose, comme elle le disait elle-même. Ma mission remplie à Cuers, nous retournâmes à Collobrières, mais le principal du collége d'Arles m'appela auprès de lui, et je fus obligé de me séparer de ma jeune famille pendant toute une année scolaire ; je partis sans inquiétude, la laissant sous une bonne tutelle. Quand je revins, je trouvai mon enfant grandie, mais elle ne reconnaissait guère que grand'maman ; toute son affection s'était portée là et cette affection dure encore, je dirai même plus intense que jamais ; il y a pourtant de cela vingt ans.

Pendant mes vacances, on vint m'offrir l'éducation de quelques jeunes gens de famille à l'île de Porquerolles (îles d'Hyères) ; il fallut partir et traverser les mers. La traversée n'était pas longue, mais la saison la rendait dangereuse.

Nous arrivâmes sur le bord de la mer, par la presqu'île de Giens, longue et fatigante à cause des sables. Le temps était mauvais ; les bateliers hésitaient à partir, mais ils durent obéir aux ordres de de M. Malglaive, capitaine de génie dirigeant les travaux de fortifications de l'île. A peine dans le goulet, un grain terrible nous jette en pleine mer. Les hommes de l'embarcation tenaient tête à l'envahissement des vagues ; nous avions les pieds dans l'eau et nous ne pouvions nous tenir dans le bateau qu'en nous cramponnant à l'autre bord. La consternation était dans nos traits. Madame Gérard, seule impassible, tenant mon enfant dans ses bras et accroupie près du timonier, venait de sortir un médaillon en argent qui contenait un morceau de la vraie croix et qu'elle faisait embrasser à sa petite-fille. La population de Porquerolles qui avait aperçu notre signal de détresse, nous avait envoyé des embarcations et nous attendait sur le quai dans des angoisses mortelles ! Enfin nous arrivâmes. Madame Gérard fut la première à sortir du bateau et son premier mot au commandant de place, qui l'avait prise par la main, fut celui-ci, en montrant son reliquaire : C'est lui, commandant, qui nous a tous sauvés ! Et elle revint sur ses pas pour le présenter aux lèvres de tous les matelots, qui obéirent, en s'inclinant avec respect. Bonne et sainte femme dont la piété ne s'est jamais démentie.

### Séjour à l'île. — Départ pour Hyères.

Durant notre séjour à l'île, les personnes de bon ton se disputaient madame Gérard, à cause de sa gracieuse causerie et de ses manières aisées. Sa piété édifiait la population ; elle portait la consolation dans les familles affligées et soignait les malades. Les soldats de la garnison se disputaient l'honneur de la servir. Elle consacra même quelques heures de ses journées, et cela gratuitement, à l'éducation des jeunes filles. Elle leur apprenait à lire, à écrire, à tricoter et à coudre. Huit mois s'écoulèrent ainsi et quand les jeunes gens qui m'avaient été confiés eurent appris suffisamment de grec et de latin pour être admis avec avantage au collége de Toulon, je fis mes diligences pour me rendre à Hyères, où m'attendaient des occupations d'une autre nature.

Or nous regagnâmes le continent. Les regrets semblaient conjurer la brise. L'arrivée des étrangers m'avait taillé de la besogne, et pendant trois mois, mes journées furent comblées par le travail.

Dans ces entrefaites, Jules Gérard arriva. Il se rendait à Paris, où l'attendaient des ovations de tout genre. Les quelques jours qu'il passa auprès de nous rajeunirent sa vieille mère, qui se montrait fière de l'accueil qu'on lui faisait.

Gérard partit pour Paris; je partis pour Nice, avec deux jeunes comtes, dont l'éducation m'avait été confiée.

Madame Gérard resta auprès de sa fille, recommandée à ma tante et à M. Denis, ex-député du Var.

## La Révolution de 1848.

Après deux mois de séjour à Nice, la révolution du 24 février éclata. La famille que j'avais accompagnée se dirigea sur Florence et je revins en France. Je trouvai ma patrie dans l'agitation. Avant d'accepter la rédaction du journal *le Var*, qui m'était proposée, je voulus m'assurer de l'état de ma jeune famille, qui s'était accrue d'une nouvelle fille. Je partis pour Hyères, où je trouvai madame Gérard qui venait de faire allaiter ma nouvelle enfant par une nourrice qui demeurait à trois quarts de lieue de notre habitation : ma femme avait vu son lait disparaître par suite de la frayeur que lui avait causée l'incendie du berceau de sa fille.

Ainsi cette pauvre aïeule allait trois fois par jour à la campagne avec l'enfant dans ses bras pour lui faire donner sa nourriture ; tantôt il pleuvait, tantôt le vent soufflait avec violence, mais rien n'ébranlait le courage de cette nature d'acier.

Je laissai le journalisme pour reprendre mes travaux universitaires, mais l'agitation qui régnait dans les esprits n'était pas de nature à me faire espérer quelque chose de fixe, et après quelques mois d'exercices incertains, je conçus le projet de repasser les mers et de me rendre en Afrique.

## TROISIÈME PÉRIODE

La veille du jour fixé pour mon départ, un silence significatif peuplait notre demeure. Madame Gérard était seule dans sa chambre ; ma femme pleurait dans un coin et les enfants jouaient auprès de moi. Comme je suis d'une nature à ne jamais revenir sur mes décisions, trois jours après j'étais en pleine mer. Je laissais toutes mes affections sur le sol de la patrie ; j'allais seul tenter de nouveaux orages, de nouvelles incertitudes. Je ne veux pas faire ici le tableau de notre arrivée, celui de l'Algérie ; je sortirais de mon sujet, et je préfère réserver cela pour plus tard.

Après un mois de séjour à Alger, M. le gouverneur général m'envoya dans l'ouest, à 150 lieues, pour fonder l'école de la charmante colonie parisienne d'*Aïn-Tédelès* (province d'Oran, subdivision de Mostaganem).

Sous les auspices du général Bosquet, on me conduisit à destination.

Huit mois plus tard, madame Gérard me ramenait ma femme et mes enfants. Ma surprise fut grande lorsque, en sortant de ma classe, il me fallut monter à cheval pour aller recueillir à Mostaganem cette petite caravane.

Le lendemain la tente était plantée.

Le séjour de la colonie paraissait agréable à la mère de l'illustre chasseur ; elle devisait avec les colons, elle se promenait dans les jardins. Ses petits-enfants la suivaient ; elle les conduisait souvent dans celui qui m'avait été concédé ; elle s'asseyait avec elles à l'ombre des figuiers chargés de fruits, et là elle faisait ses petites tusculanes ; elle remontait aux heures fixes, d'un pas qui accusait son âge et qui s'accordait avec celui de ses petites-filles.

Quelques mois s'écoulèrent ainsi ; mais des affaires d'intérêt et de famille la rappelèrent en France avec sa fille, dont la présence était indispensable. Les enfants restèrent auprès de moi, entourées des soins de l'amitié.

Voilà donc madame Gérard encore une fois à travers les mers, loin de ses petits-enfants qu'elle aime tant.

En son absence, je fus appelé à relever l'école communale de Mostaganem, qui venait de tomber, et à fonder la première école indigène de l'Algérie, conformément au décret du président de la République. Il fallut donc déplacer mes dieux lares et les transporter dans la subdivision. Mes enfants restèrent à Aïn-Tédelès sous la sauvegarde d'une sollicitude qui remplaçait avantageusement la nôtre.

1...

Il me fallut quelques mois seulement pour relever l'école tombée et y annexer une école indigène, composée de 8o turcos qui, ne sachant pas un mot de français, faisaient au bout de deux mois des billets d'appel sans fautes et les quatre règles. La général Pélissier constata ces progrès, me donna une mention honorable et obtint de M. le gouverneur général, aujourd'hui ministre de la guerre, ma nomination au poste de Damiette près Médéah, avec une superbe concession que je vendis très-avantageusement après deux ans de séjour.

Ici va reparaître madame Gérard.

L'ordre était donné, il fallait partir. C'était trois jours avant le jour de l'an. Après avoir fait mes diligences de départ, et confié ma plus jeune enfant à une excellente femme qui l'aimait d'un cœur de mère, j'étoffai convenablement mon aînée pour la garantir des rigueurs de la traversée, bien que l'excellent général Bosquet m'eût fait délivrer un passage de deuxième classe.

Le canon gronda le matin, avant le jour, pour signaler le passage du paquebot, et nous partîmes au milieu des adieux et des regrets. La traversée, qui dura deux jours, fut heureuse. L'enfant fut l'objet de touchantes attentions, parce que les officiers du bord connaissaient beaucoup son aïeule et son oncle.

Arrivé à Alger, je dus aller prendre les ordres de l'Académie, qui s'épouvanta en présence des dangers que nous allions courir, ma fille et moi, dans les gorges de la Chiffa; néanmoins, on dut me laisser avec ma persistance, parce que j'avais des ordres supérieurs.

Arrivés à Blidah, le général Blangini, qui commandait cette subdivision, me fit donner un fort cheval de selle, deux mulets et un Arabe pour guide, tout en me disant : « Monsieur, vous n'arriverez jamais, la Chiffa est grosse et le rocher pourri s'est éboulé sur la route. — *Je passerai par le col,* lui répondis-je. — Tant pis, » ajouta-t-il.

J'entre dans ces détails préalables, parce que, sous peu de jours, madame Gérard va courir les même dangers.

Le lendemain c'était le jour de l'an, les cimes de l'Atlas étaient couvertes de neige, il faisait un froid à pierre fendre. Je place ma fille entre deux malles sur un mulet du train, et nous nous mettons en route. Le premier cours d'eau que nous eûmes à gueyer fut l'oued el Kébir ; mon cheval et les mulets avaient de l'eau jusqu'au poitrail, ce qui n'était pas de nature à me rassurer beaucoup à l'endroit de la Chiffa. C'était le cas de dire ici : *Ab uno disce omnes.*

J'ai dit que c'était le jour de l'an, l'époque des réconciliations et des perfidies.

Le premier gué de la Chiffa était large et l'eau miroitante : les mulets et les chevaux de la contrée ont l'habitude de ce torrent, et pour vaincre la violence des eaux, s'en vont à la dérive. L'Arabe conducteur avait pris le bac.

Un cri perçant me fit détourner la tête, et j'aperçus la monture sur laquelle était ma fille, bien loin de moi. Ne consultant que mon amour de père, je rebroussai chemin et, fendant le lit du torrent, j'atteignis bien vite le mulet plus prudent que nous. Je saisis ma fille d'une main, la plaçai hardiment sur le pommeau de ma selle, ce qui ne contribuait pas peu à nous faire noyer tous les deux. Arrivés au bord, à peine sur la berge, l'Arabe accourut vers nous, tout effaré en me traitant de fou! Il avait raison, car j'avais joué gros jeu.

Et d'une. Il fallait traverser la Chiffa quatorze fois encore : même transes, mêmes périls... Mais, Dieu aidant, nous arrivâmes aux pieds du Nador. Le lieu de notre destination était encore à quatre heures de marche, mais les dangers avaient disparu ; il ne nous restait plus qu'à marcher dans la neige que la bise avait congelée. Ce trajet se fit sans coup férir, et nous arrivâmes dans la colonie, où une dépêche officielle nous avait devancés. Notre installation fut soudaine. Le directeur de la colonie y mit tout l'empressement d'un père de famille.

La neige tombait toujours : nous en avions un mètre devant la porte. La Chiffa et l'Arrache mêlaient leur bruit à celui du vent. Madame Gérard était seule de retour de France et se mettait en route pour venir nous rejoindre. Une dépêche au général de l'Amirault, commandant la subdivision de Médéah, nous donnait avis de son arrivée à Alger ; mais nous ne soupçonnions pas qu'elle eût le courage de se mettre en route par un temps aussi épouvantable. Rien ne coûtait à son amour, et un matin, l'angelus venait de tinter à peine au clocher du village, qu'on frappe à ma porte... J'ouvre... C'était elle ! couverte de neige, accompagnée d'une Arabe, qui pleurait en l'appelant maman. Son premier mot fut : *et Marie?* sa petite fille bien-aimée. Elle dort, lui dis-je ; mais je ne pus l'empêcher d'aller embrasser sa belle endormie, qui très-probablement, dans ses rêves d'ange, rêvait de sa bonne fée. Elle ne me parla pas de l'autre, parce qu'elle savait que je l'avais laissée à Mostaganem, à cause de son jeune âge.

Après avoir mis tout à l'abri, mon soldat, qui venait d'arriver, alluma un bon feu, prépara du café, liqueur favorite de madame Gérard, et dans un tête-à-tête plein de stupéfaction, commencèrent les détails de son voyage.

On avait vainement voulu la retenir à Alger : un pôle magnétique l'attirait ailleurs. Pour aller plus vite, au troisième gué de la Chiffa qui était énorme, elle avait pris le col des Mouzaïas, sur les fausses indications qu'on lui avait données. Son guide eut beau lui persuader qu'il y avait plus de danger à choisir cette voie, elle ne voulut rien entendre et il fallut enfin obéir. Le col des Mouzaïas est un petit sentier qui domine une profondeur de 5oo mètres, sur un terrain argilo-silico-calcaire, c'est-à-dire glissant et d'une contexture traîtresse. Les mulets s'y tenant avec peine, madame Gérard fut obligée de marcher tout le long avec de la boue jusqu'à la cheville, soutenue par la main de son guide. La nuit les surprit à l'extrémité du col et les obligea à se réfugier au milieu des indigènes, qui eurent pour elle un million d'égards, ayant appris qui elle était. Voilà pourquoi elle fut chez nous de très-bonne heure le lendemain, car le lieu de cette halte nocturne n'est distant de Damiette que de deux lieues. J'ai revu plus tard, dans mes chasses, les Arabes qui lui avaient donné l'hospitalité; ils en étaient fiers, et les femmes surtout me demandaient de ses nouvelles. L'une d'elles me donna pour elle une magnifique étoffe en bourre de soie. Madame Gérard ne tarda pas à venir elle-même la remercier, et elle passa deux jours de la

belle saison dans ce douar hospitalier, où je vins la
reprendre.

### La Prière et le Réveil.

J'avais à prévenir, sur la recommandation, qu'il
m'en avait faite, le directeur de la colonie de l'arrivée
de madame Gérard. Je donnai mes ordres au soldat qui
fut aux provisions et la laissai avec l'Arabe, qui avait
toutes les peines du monde à rendre la chaleur à ses
membres transis.

Le directeur, dont la bonté est devenue proverbiale,
mit sur pied ses ordonnances pour préparer la provision de bois, tira de sa cave les meilleurs vins, fit préparer les meilleures provisions pour inaugurer la venue
de la mère du tueur de lions.

Comme le soleil était levé depuis plusieurs heures,
il me demanda s'il n'y aurait pas d'indiscrétion à se
présenter à elle. Sur ma réponse négative, il m'accompagna. Nous entrâmes sans bruit et nous la trouvâmes
agenouillée aux pieds du lit de mon enfant, priant, un
rosaire à la main. Dans la ferveur de la prière, elle ne
nous entendit pas, et nous attendîmes dans la pièce voi-
sine. Au bout de quelques minutes l'enfant s'éveilla.
Deux cris se firent entendre, et parmi des sanglots en-
trecoupés, on put entendre ces mots : ma chérie! Je
rêvais de toi. Nous laissâmes à ces doux épanchements
de la nature tout leur cours, et le directeur de la colonie décida qu'il convenait de choisir une meilleure
occasion pour la présentation de ses hommages.

## QUATRIÈME PÉRIODE

Ma femme vint nous rejoindre quelque temps après, et c'était toujours pendant l'hiver; mais les dangers de la saison hyémale avaient disparu. Il manquait une blonde enfant pour compléter le personnel de la famille, qui s'était accrue d'Assem ben Ali, le guide fidèle, qui n'avait pas voulu quitter madame Gérard et qui devint, par la suite, un de mes meilleurs élèves de français.

Aux premières brises du printemps, je fus avisé qu'on m'amenait à Alger ma fille cadette; je m'empressai de m'y rendre. L'enfant avait été bien soignée, elle était fraîche comme une rose. Sans perdre un instant je pris la diligence, et nous arrivâmes à Blidah à six heures du soir; mais quel ne fut pas mon étonnement, en descendant de voiture, de trouver madame Gérard au bureau d'arrivée! Elle avait déjà franchi douze lieues pour venir à notre rencontre : ce fut l'enfant qui la reconnut la première, préoccupé que j'étais de l'arrangement des bagages. Nous choisîmes un hôtel convenable, et là, pendant que je m'occupais du lendemain, une causerie intime s'engagea entre l'aïeule et l'enfant.

La nuit fut bonne, un cœur rempli d'amour servit d'oreiller à l'ange des roses, et l'angélus vint nous inviter au départ. La matinée était fraîche, le temps était beau. Quand nous traversions la Chiffa, qui ne présentait plus aucun danger, madame Gérard racontait à sa petite-fille, qu'elle tenait sur ses genoux, les divers épisodes de son voyage, et l'enfant ouvrait de grands yeux! On s'arrêta au milieu des gorges pour y prendre un repas. Les singes abondent dans ce lieu et sous les yeux des voyageurs s'y livrent à une gymnastique fort amusante; en conséquence et sur les instances de l'enfant, il fallut, rendre notre halte plus longue qu'elle n'aurait dû l'être, car elle faillit nous coûter cher.

Nous étions encore au bas du Nador qu'un orage mêlé de grêle éclata. L'enfant avait ses petites mains meurtries et sa grand'mère versait des larmes. Notre guide s'était dépouillé de son burnous pour les couvrir : mon cheval bondissait aux éclats du tonnerre et menaçait à chaque instant de me lancer dans un précipice. La malheureuse idée nous vint de prendre un raccourci fangeux et la nuit nous surprit. Nous ne marchions qu'à la faveur des éclairs. Le tonnerre éclata si près de nous que le mulet que montait madame Gérard faillit tout renverser; elle insista pour descendre, j'en fis autant, pour l'alléger du fardeau de l'enfant; mais elle ne voulut pas s'en dessaisir. Nous voilà dans la boue jusqu'à mi-jambes; j'en étais garanti par mes bottes à l'écuyère, mais madame Gérard avait déjà perdu ses souliers et marchait nu-pieds emportant son précieux fardeau. Heureusement nous n'étions pas loin de la route, et nous pûmes bientôt regagner la terre ferme.

Nous la replaçâmes sur sa monture et un quart d'heure après nous entrions à domicile. Tous les maux étaient oubliés; elle remettait glorieusement l'enfant à la mère, et par une ablution d'eau chaude elle se débarrassa de la boue dont elle s'était couverte.     lendemain il n'était pas jour, qu'elle avait déjà préparé le déjeuner de ses enfants.

Le séjour de madame Gérard dans la colonie de Damiette ne fut marqué par aucun événement bien remarquable, si ce n'est par le fait suivant :

Un an s'était écoulé, l'hiver était rigoureux et la misère la plus profonde pesait sur la colonie. Les élèves de mon école étaient déguenillés, sans souliers et le plus souvent sans nourriture suffisante. C'était moins la faute de l'administration que celle des pères de famille, dont la conduite dévergondée épuisait honteusement les ressources du foyer domestique.

Madame Gérard s'était souvent émue devant ce triste tableau ! Son cœur méditait bien des choses ! elle avait, à plusieurs reprises, mis à contribution la bonté de M. le général de l'Amirault. Elle faisait ses petites distributions à notre insu, et nous ne pouvions nous expliquer le culte général dont elle était l'objet.

M. le maréchal Randon vint visiter le cercle de Médéah ; il demanda à voir madame Gérard dont il protégeait le fils. Elle s'offrit à lui dans sa plus grande simplicité. Le maréchal, plein de bonté, lui donna une marque de sa haute considération en lui concédant 100 hectares de terre dans la province de Constantine. L'occasion était belle, et madame Gérard ne la laissa pas échapper.

A peine M. le gouverneur général était il retourné à Médéah, qu'elle partit à pied avec un pied de neige, et se rendit à la subdivision pour se ménager une nouvelle entrevue avec le maréchal. L'antichambre ne fut pas long ; elle lui exposa d'une manière si touchante l'état de détresse de la colonie, elle pénétra si profondément dans son cœur, que des ordres furent donnés sur-le-champ pour que deux prolonges d'effets d'équipements réformés fussent envoyés dans la colonie et distribués. Chaque famille eut en sus 100 kilogrammes de pommes de terre et une balle de farine en sus de la ration ordinaire; mais il restait à madame Gérard une autre tâche à remplir, c'était la distribution égale d'une somme d'argent que le gouverneur lui avait remise, en lui disant : *Tâchez qu'il en reste quelque chose au bout des doigts.* Il en resta tellement peu, que le quotient établi, elle me faisait demander par sa fille 20 centimes pour sa provision de tabac; aussi les colons la désignèrent à l'unanimité pour être la marraine de la cloche de l'église. Ce fut là un jour de fête dont la subdivision et le directeur firent les frais.

Plus tard, je passais du régime militaire au régime civil. L'ordre de quitter Damiette pour me rendre à Saint-Ferdinand, dans le Sahel, venait de m'être donné. Nous quittâmes ce charmant séjour au milieu des adieux les plus touchants. Après avoir assisté à notre installation, madame Gérard manifesta un désir auquel nous nous empressâmes de souscrire. Les enfants grandissaient et leur éducation devait marcher de pair avec leur âge. Elle nous proposa d'aller s'enfermer avec elles dans le couvent d'El-Biar, pour y veiller. Il nous fut bien difficile de nous faire à l'idée de cette séparation, mais comme ce lieu n'était pas fort éloigné et qu'il fallait avant tout faire taire une affection égoïste en faveur de l'avenir des enfants, nous nous inclinâmes devant les héroïques intentions de l'aïeule. Je ne passais jamais une semaine sans aller visiter nos intéressantes recluses que e trouvais radieuses de santé.

D'ailleurs le couvent domine la mer; il est au milieu des palmiers, des oliviers et des caroubiers, assis sur une immense pelouse d'herbe fraîche et fleurie.

Madame Gérard, qui était entièrement libre, descendait souvent à Alger, où elle avait de brillantes connaissances mais elle en remontait bien triste, quand sa bourse ne lui permettait pas de faire quelques gracieusetés à ses petites-filles. Sa pension était absorbée par le couvent, et je ne pouvais pas toujours me déplacer à propos pour alimenter son petit pécule. Elle empruntait difficilement et me demandait plus difficilement encore.

### Les Pantoufles de Monseigneur.

Mes lecteurs vont avoir ici toute la mesure de cette sollicitude qui n'appartient qu'à une aïeule. Les uns trouveront l'artifice mauvais, les autres le trouveront plein d'une adroite naïveté; j'ai été le premier à le trouver de mauvais aloi, mais avec un peu de réflexion, je n'ai pu qu'en rire et le trouver d'une ingénieuse combinaison. On se souviendra de ce qui précède et l'on jugera.

Madame Gérard, je l'ai dit, ne voulait jamais remonter d'Alger sans apporter quelque chose à mes enfants, qui ne manquaient de rien. Mais abondance ne nuit pas, disait-elle en prenant froidement sa prise. Qu'avait-elle donc combiné? Le hasard me le fit savoir.

Je venais de faire un mémoire sur la maladie de la vigne, et M. Lautour-Mézeray, alors préfet d'Alger, m'appela dans son cabinet pour avoir mon dernier mot sur cette question importante. Un ami de longue date m'attendait à l'issue de cette entrevue pour le repas du matin. Nous avons eu la visite de madame Gérard ces jours derniers, me dit-il avec une certaine attitude de fierté. Ceci ne me surprit nullement, mais ma surprise fut grande lorsqu'il ajouta : « Elle s'occupe d'une « bien jolie chose ! » Qu'est-ce ? lui dit-je. « Elle recueille « des souscriptions pour offrir à Monseigneur l'évêque « d'Alger une paire de pantoufles brodées en ronde-« bosse. Je me suis empressé de lui offrir dix francs. La « femme du consul sarde a donné vingt francs, d'autres « personnes ont complété par leur cotisation, la somme « de cent francs. » Mon sourcil se fronça, parce que j'étais persuadé que Monseigneur n'aurait pas plus des pantoufles brodées que le pape des mules nouvelles.

J'étais impatient de revoir madame Gérard pour savoir ce qu'il en retournait par le pied. A trois heures du même jour, j'étais à Elbïar et demandais la supérieure, à qui je fis part de l'incident. La sainte personne en rit beaucoup et l'appela au parloir. Je fus très-froid et même injuste. Elle me répondit plus froidement encore, en me disant que je n'avais pas assez de ferveur pour comprendre toute l'importance de son message. Je m'inclinai devant l'âge, Monseigneur n'eut d'autres pantoufles que celles qu'il chaussait d'usage, mais je m'aperçus que les enfants avaient le râtelier mieux garni que d'habitude. Voilà un brin d'histoire sur une chaussure de luxe.

### CINQUIÈME PÉRIODE.

Le colonel Marengo, maire de Douéra et de son cercle, qui se compose de Saint-Ferdinand, de Sainte-Amélie et de Mahel-Mâh avait voulu me plier à ses volontés absolues. Je romps et ne plie pas, quand il s'agit de despotisme. M. le recteur prévoyant ce qui pourrait résulter de nos différends, m'envoya à Fouka.

Fouka est une charmante colonie sise au bord de la mer, sous des oliviers gigantesques. Je tenais à ce que mes enfants vinssent y respirer un air pur et s'alimenter un peu à mes leçons. La séparation fut douloureuse à Elbiar, mais de très-courte durée, car à peine le transfert avait eu lieu, que madame Gérard s'asservissait au rôle de domestique chez M. l'abbé Doucet, mon ami, et curé de Douaouda et de Fouka. Ici, j'ai besoin d'entrer dans quelques détails. M. le président Coulomb, renseigné sur les scènes qui éclataient entre la mère et la fille, quand il s'agissait de corriger les enfants, avait signifié à sa sœur de vivre loin de nous, sous peine de se voir retrancher la pension bénévolément consentie. Il permit néanmoins qu'elle vînt continuer ses jours chez M. l'abbé, ignorant qu'une courte distance la séparait de nous. Elle était donc cuisinière chez le curé de Douaouda, qui admirait son dévouement et la regardait comme sa mère. Le dimanche seulement, il lui était permis de venir voir ses petits-enfants ; plus tard, ce fut le dimanche et le jeudi, ensuite trois fois par semaine, et puis tous les jours.

Enfin son élection de domicile eut lieu encore une fois,

d'une manière définitive au milieu de nous. M. le président Coulomb la croyait toujours à Douaouda.

Tout se passa pour le mieux pendant un an.

A la fin de l'année scolaire, je fus appelé à l'Arba pour mettre une ferme sur pied. Madame Gérard, qui avait dû retourner à Elbiar, quittait souvent sa retraite pour venir embrasser ses petites-filles. Elle se contentait de se retremper quelques heures avec elles sous les Zaouïas, magnifiques forêts d'orangers qui bordent l'oued Jemma. Elle repartait ensuite pour le couvent, dont la solitude lui devenait plus supportable.

La ferme une fois sur pied, je me rendis à Blidah, sur l'invitation des entrepreneurs du génie qui me confiaient la direction de leurs affaires, dont l'importance valait la peine qu'on s'en occupât. Madame Gérard vint nous y rejoindre pour assister aux couches de sa fille, qui nous donna une nouvelle enfant. Mais son séjour fut de courte durée ; car au bout de deux mois, son fils l'envoya chercher par Hamida, son compagnon de chasse et de guerre, pour la conduire auprès de lui à Constantine, où l'accompagna aussi madame Léon Bertrand. Elle nous quitta pendant trois mois seulement et nous revint, après avoir appris la maladie dangereuse de mon aînée et de ma cadette.

Je ne parlerai pas ici du beau rôle qu'elle joua, je craindrais de rester en dessous de la vérité, tant sa conduite fut héroïque !

Ma mission remplie à Blidah, je sentis le besoin de me reposer, et je choisis pour cela l'un des plus beaux sites des environs d'Alger : le frais vallon, chez des amis de cœur, où ma famille me suivit. Madame Gérard retourna au couvent d'Elbiar avec mes deux aînées. Une petite lieue nous séparait alors, et il lui était facile de nous visiter souvent. Je la voyais tous les jours moi-même, parce que mes sujets de promenade étaient de ce côté-là.

## La Première Communion de ma fille Marie.

C'était un jeudi, et madame Gérard vint au frais vallon plus radieuse que jamais. Elle nous annonçait que l'enfant ferait sa première communion dans huit jours, et nous invitait, de la part de la supérieure, à cette agape solennelle.

Nous souscrivîmes de tout cœur à des désirs si vivement exprimés. Huit jours après, nous nous réunissions dans le temple. Ce fut pour moi un spectacle bien imposant et bien touchant à la fois que de voir dans le recueillement le plus profond, au milieu des saints cantiques, l'aïeule, la mère et la fille qui allaient se confondre dans le sein de Dieu par une même communion d'amour ! Je n'appartenais plus à la terre et j'avais courbé mon front devant la majesté des croyances. Un silence profond m'avertit que Dieu descendait dans les cœurs, et le mien fut rempli d'une éclatante lumière. Quelque minutes après, ma fille abaissa son voile ; elle était sous les ailes de l'Esprit Saint.

Avisé par un ami qu'un concours allait s'ouvrir à Constantine pour le secrétariat de la chambre de commerce, je fis mes diligences de départ et me séparai de nouveau de ma jeune famille, la laissant sous la sauvegarde de ma belle-mère et de mes amis. La traversée fut mauvaise, mais les prières de madame Gérard, suivant son dire, nous sauvèrent du naufrage. Le concours eut lieu et je fus élu à l'unanimité. Par une dépêche électrique, j'en avisai le frais vallon, et madame Gérard me ramenait, huit jours après, les enfants et la mère dans un parfait état de santé. Elle trouva à Constantine les enfants de sa fille aînée, qui n'était plus, et que Gérard avait appelés auprès de lui pour les ranger sous sa tutelle. Il était à Paris à l'époque ; mais son autre beau-frère, M. Lesueur, était revenu de France pour rejoindre ses enfants et diriger les travaux agricoles des deux fermes que Gérard avait acquises.

Ma belle-mère n'eut pas à se féliciter de la conduite de mes nièces et de mon neveu, encore moins de celle de M. Lesueur, son gendre. Aussi resta-t-elle auprès de nous, portant, comme toujours, toute son affection sur mes enfants.

Ma demeure était chaque jour envahie par les Arabes qui venaient saluer la mère du tueur de lions.

Ils avaient les mains pleines d'offrandes qu'ils déposaient à ses pieds de la manière la plus délicate. Bosco lui-même honora madame Gérard de sa visite et lui fit des tours diaboliques.

Jules Gérard retourna de Paris et vint embrasser sa mère. Durant son séjour à Constantine il voulut l'avoir sous son toit. Ses nuits lui appartenaient, mais les journées entières étaient à nous.

Le poste de secrétaire de la Chambre de commerce était amovible toutes les années et dépendait d'un nouveau concours. Je touchais à la fin de ma gestion, quand le représentant d'une société industrielle de Londres sachant que je connaissais parfaitement l'Afrique conquise et une partie de l'Afrique insoumise, vint me proposer le rôle d'explorateur dans le Tell constantinois. Je devais visiter les plaines et les montagnes, signaler les gisements houillers, ferrugineux, de cuivre, les carrières, les chutes d'eau pour usines. En cette qualité, j'avais un guide, deux mulets, un cheval de selle et une tente.

Je me mis en route pour Batna, le lendemain du jour de l'an, avec deux pieds de neige. Quand je mettrai en ordre mes dix ans d'Afrique, j'entrerai dans des détails piquants d'intérêt.

Arrivé à Batna, M. le général Desvaux, plein de cœur et de sollicitude, me défendit d'aller plus loin, m'assurant que les Aurès nord étaient impénétrables à cause des neiges et qu'à droite les Jebel Mahmel et les Jebel Chelech l'étaient aussi pour la même raison. Il fallut hiverner à Batna, où ma femme et deux de mes enfants vinrent me rejoindre. Madame Gérard ne tarda pas à suivre nos traces, avec sa chère Marie. Nous étions sur un vaste théâtre de souvenirs. Lambessa ou Lambesis, *la tertia legio* des Romains, était à quatre pas de nous. Je tenais à lui faire visiter ces grandes ruines, et par une belle journée nous nous rendîmes sur les lieux. Le commandant du pénitencier nous reçut d'une manière courtoise et mit à notre disposition un portier-consigne, qui nous ouvrit le prætorium, vaste édifice converti en musée archéologique et qui renferme des chefs-d'œuvre de l'art antique. Rien n'échappait à l'attention de madame Gérard, qui causait avec une égale facilité du dieu de la médécine et du centaure Chiron, de Jupiter Ammon et de Jupiter Olympien, de Nessus et de la robe de Déjanire, de Mnémosine et du temple de Mémoire.

En visitant le temple d'Esculape, dont les restes étaient d'une grande magnifience, elle songeait à la découverte d'une plante dont l'infusion pourrait guérir la toux sèche de ma fille cadette, qui depuis se trouve à merveille. En passant de là à celui de la déesse de la Mémoire, elle faisait des réflexions à elle qui étaient pleines de justesse. Aux Champs-Élysées, en présence des tombeaux d'enfants, son cœur se brisa! Au Columbarium des familles, elle fit de touchantes réflexions. Elle approuvait beaucoup cette époque où les corps, soumis à la crémation par le sarcophèbe, étaient incinérés pour que chacun eût la cendre des objets regrettés dans des urnes funéraires, placées dans un colombier commun, ou dans l'intérieur domestique sur des cippes de colonnes.

Le soir, madame Gérard, que madame Boyer, la femme au directeur du pénitencier, avait voulu retenir jusqu'au lendemain, eut le bonheur d'entendre rugir le lion, qui descendait des Aurès nord, traversait Lambessa et se rendait à la plaine par le sentier des Arènes, comme s'il eût voulu réveiller l'époque d'Eudore et de Cymodocée, ou celle des gladiateurs et d'Androclès.

Madame Gérard, en l'occurence, put se faire une idée du terrible antagoniste qu'avait choisi son fils.

Rentrée à Batna, elle écrivit sur les impressions de cette journée de magnifiques pages qui se sont égarées.

Les neiges fondirent, je dus me remettre en route et renvoyer toute ma famille au couvent du Bon-Pasteur à Constantine où, sous les auspices du grand vicaire, M. Pavy, elle recevrait tous les soins désirables.

Mes excursions dans les montagnes, dans les plaines et dans le Sahara durèrent neuf mois, tantôt par un froid intense, tantôt par des chaleurs tropicales. La guerre d'Italie les interrompit et je dus partir pour la France pour rendre compte de ma mission.

Je me rendis à Constantine en passant par Sétif, Mila et le château de beau désert, appartenant à Jules Gérard. Je visitai ma famille que je trouvai en parfaite santé, après quoi je partis pour Bône, pour y prendre le bateau, mais plus particulièrement pour visiter les vastes forêts de Jemmape et le lac Fetzara. La veille du jour de mon arrivée au caravansérail d'Aïn-Kerma, sur les bords de ce lac, mon beau-frère était venu chasser le gibier d'eau avec son club. Il y eut, d'après le récit qu'on m'en fit, une véritable Saint-Barthélemy.

Rentré en France, mes notes envoyées, je me rendis auprès de mes parents à Toulon, qui m'amenèrent à la campagne pour m'y faire reposer de mes longues fatigues. C'était l'été, et l'air des champs me remit entièrement.

Mon pays natal me réclama pour le quartier d'hiver; je m'y rendis, mais après deux mois de séjour, le Luc, grand village, à deux lieues de là, m'envoya une députation pour aller fonder un pensionnat.

Je le fis sans hésiter, et lorsque l'établissement eut atteint une certaine confortabilité, j'appelai ma famille auprès de moi. Madame Gérard, bien entendu, se mit en route avec elle, après avoir obtenu gratuitement le passage de seconde classe. La traversée fut mauvaise ; un ouragan poussa le bateau sur les côtes de Sardaigne, mais la mère du tueur de lions fut inébranlable. Elle était seule chargée des enfants, madame Rousse étant clouée dans sa cabine par le mal de mer. Enfin, on arriva et on put, pendant deux ans, couler des jours paisibles, dans cette belle partie de la Provence où les gens sont bons, où l'air est pur.

Cependant madame Gérard fit encore une absence d'un mois pour se rendre à Paris avec mon aînée, et y solliciter un bureau de tabac. Jules Gérard y était, et les choses furent tellement mal menées qu'elle revint comme elle était partie. La mort de mon grand-père fixa notre résidence à Nice, où madame Gérard se trouve encore avec sa fille et ses petits-enfants. Je viens d'esquisser rapidement la vie de madame Gérard ; rien n'y est oublié, et nul que moi ne pouvait le faire avec autant d'intimité. Aujourd'hui, au couchant de ses jours, ses grands rôles sont terminés. Très-pieuse, elle attend l'heure des longues séparations. Quant à moi, je conserve pour les inscrire sur sa tombe, en les arrosant de mes larmes, ces trois mots :

Amour ! Courage ! Vertu !

A. Rousse.

Paris. — Imprimerie de Cusset et Cᵉ, rue Racine, 26.

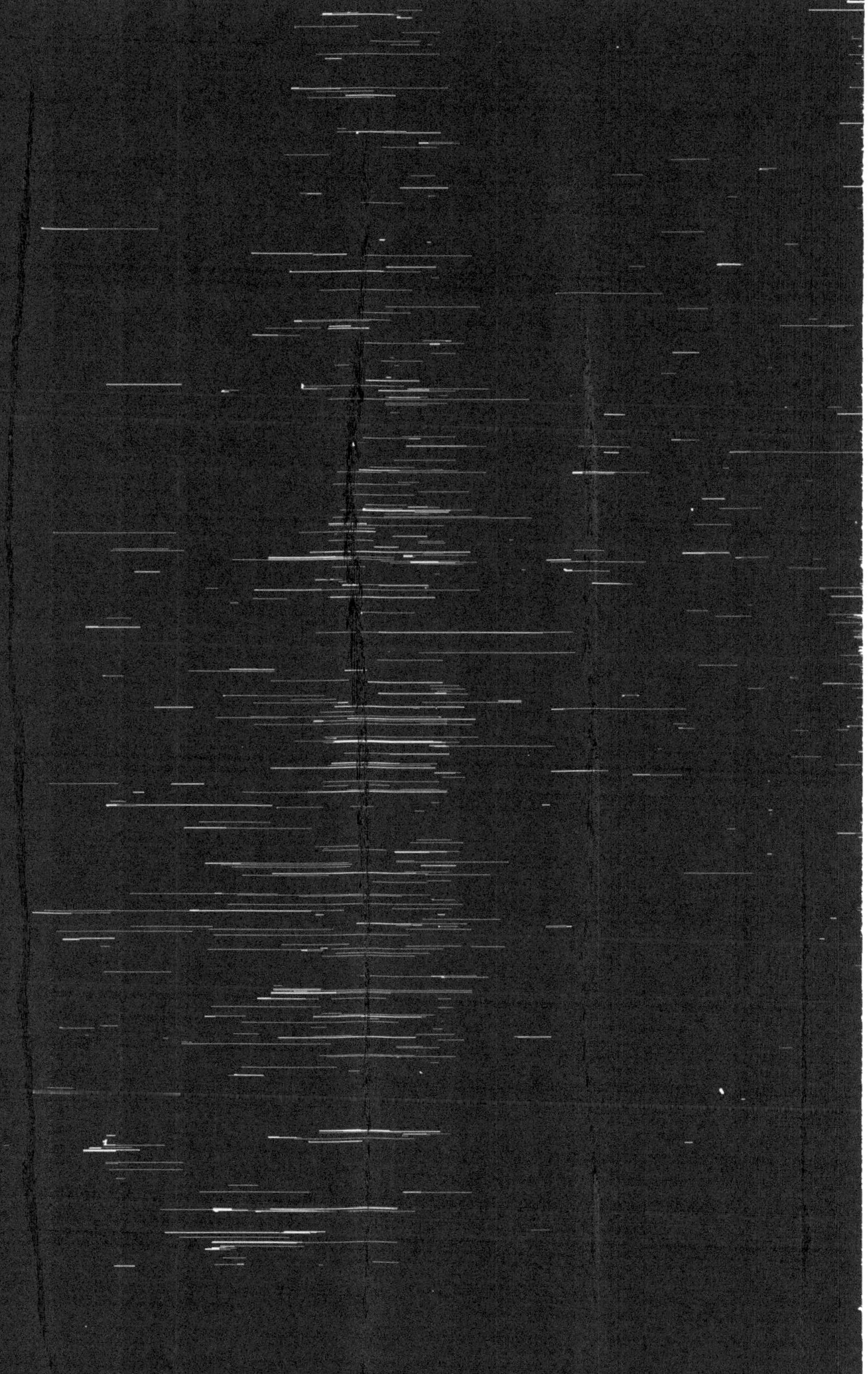

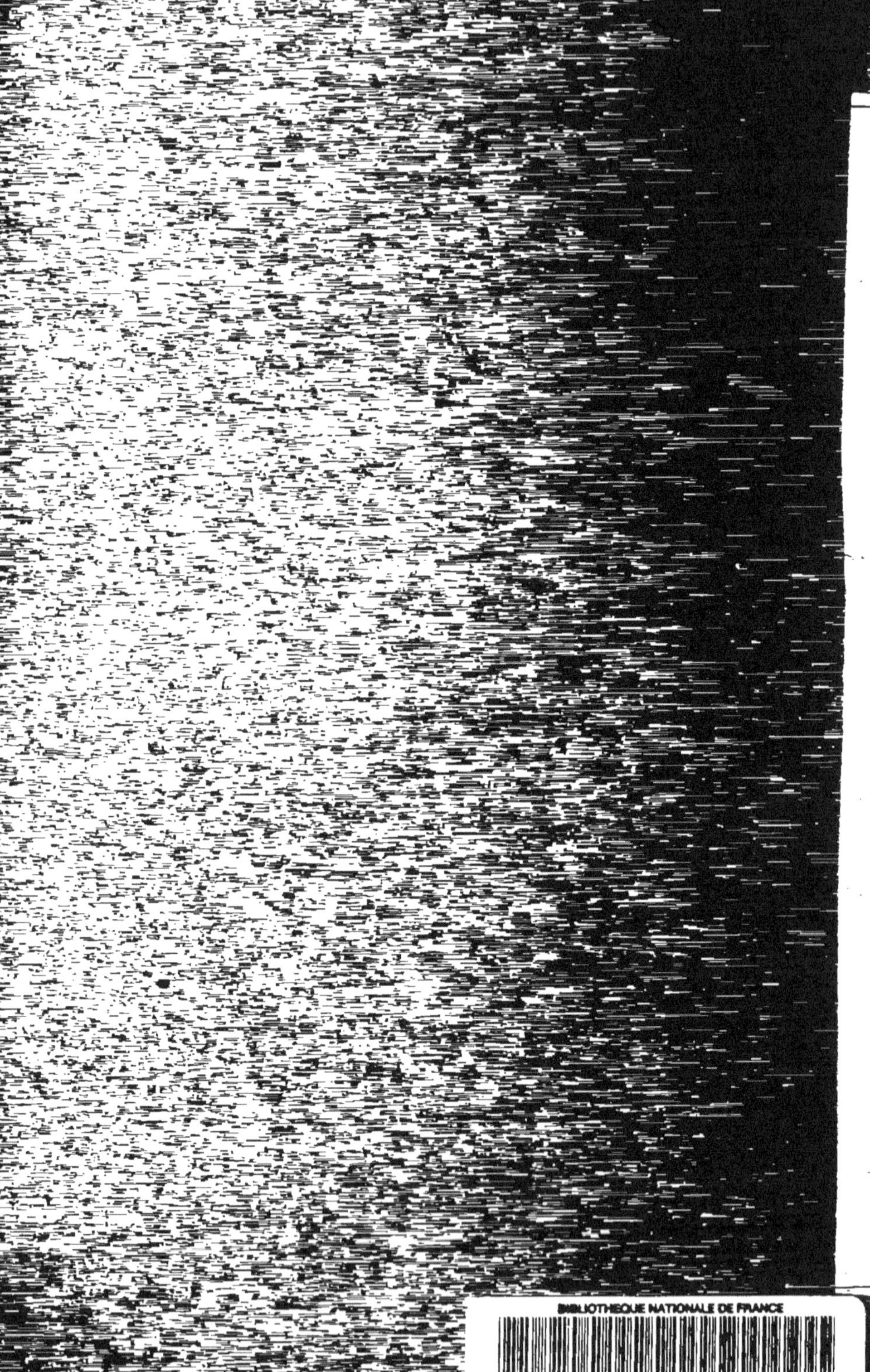

www.ingramcontent.com/pod-product-compliance
Lightning Source LLC
Chambersburg PA
CBHW061316050726
47594CB00004B/1741